AF234967

MANUAL PARA SACAR
UN CONEJO DE LA CHISTERA

MANUAL PARA SACAR UN CONEJO DE LA CHISTERA

Juan Ramón Mansilla

MAHALTA
EDICIONES

COLECCIÓN
ADIVINOS

© Juan Ramón Mansilla

© Prólogo: Rafael Sánchez Escobar
© Ilustración de portada: Álvaro Mansilla Gullón
© Fotografía de solapa: Maite Valencia Cañas

© Añil desarrollo gráfico, S. L.
Mahalta ediciones es un sello editorial de Añil desarrollo gráfico, S. L.
www.anil.es
www.mahalta.es

Colección Adivinos n.° 21
Primera edición: febrero 2025

ISBN: 978-84-129419-4-4
Depósito Legal: CR 75-2025

Impreso en España
Diseño y maquetación: Añil desarrollo gráfico, S. L.
Impresión: Safekat, S. L.

Los huéspedes de la chistera

Todo lo que estimula e inspira en este poemario comienza por su título. Que trae a la mente a Julio Cortázar y esos textos prescriptivos de intención paródica que pueblan libros como sus *Historias de cronopios y de famas*. Si se prefiere un referente cinematográfico, podríamos citar a Woody Allen y la sorna de los textos expositivos de su obra *Sin plumas*. Denominación, también de un poema titular (aunque certeramente colocado en posición de cierre) lleno de ingenio, que a ratos parece una receta, y es lo bastante y vocacionalmente ambiguo para retratar a la vez los desvelos del mago empeñado en que se obre el prodigio y los del poeta en su enésimo intento de que brote esa *magia menor* de que hablara otro argentino, Borges en este caso.

Otro poema, en este caso el inicial «Tono, vestimenta, calzado» ejerce a modo de tópico clásico de aviso para caminantes, en este caso lectores, sobre una cuestión fundamental para entender y sobre todo valorar el libro: el componente lúdico, el juego o el humor, la voluntad decidida del escritor de divertirse dándole forma y contribuir al mismo disfrute en sus receptores. Nunca en detrimento, más bien todo lo contrario, del rigor formal (un poema como «Arquitectura para novicios», aun sin mención expresa, nos podría evocar ese reto extenuante de intentar construir algo sólido por medio del lenguaje), del esfuerzo por lograr una poesía concienzuda cuya espontaneidad no es resultado de la improvisación. Ya cerca del final, «Bosques» aporta otro ejemplo esclarecedor sobre esa dilogía entre lo *grave* y lo *ligero* que apunta y alcanza un doble objetivo: el dominio de la autoironía y el de cómo transmitir un mensaje humano (más que propiamente ecologista, porque al fin y al cabo la vida parece ser una decisión arbitraria de la propia naturaleza) sin panfletarismo. En esas mismas páginas de arranque, «Vencejos» es un texto no solo brillante sino capaz de introducirnos a muchas de sus constantes temáticas y estilísticas. Logro al que se añade una fascinante cadencia rítmica, compleja en su dinámica de yuxtaposiciones, avances y retrocesos pero que el lector no deja de percibir como una salmodia espontánea. Consigue viajar más allá de lo autobiográfico a medida que sus versos van tejiendo un fascinante «costumbrismo fabuloso», una cotidianidad traspasada de magia en que la irracionalidad va trazando al mismo tiempo un itinerario de aprendizaje sobre las cuestiones fundamentales del existir, incluidas la sensualidad y la pertinencia del arte para transfigurar una vida de pobreza (simbolizada en esa confusión gozosa hombre/animal al que da lugar el ave que le da título, anticipo de la sucesión de metamorfosis que plantean poemas como «Tapiz de la tarde») que sin embargo se ama y tendrá su pertinente elegía en la tercera sección del poema.

Pero no siempre la memoria es inocente y «Lluvia de invierno», como «Para qué sirve el frío», nos pondrá sobre aviso respecto a la bipolaridad del recuerdo. Que le posibilita ser capaz simultáneamente de acariciar —con escenas del calado espiritual de «Grullas» o «Días como estos»— y de destruir; como en esa «Genealogía» en que cada eslabón familiar implica una pérdida de los atributos de identidad que ejercían de herencia, contribuyendo a la conciencia dolorosa del desarraigo o la falta de identidad personal en un poema: «El extraño». De dejar al escritor sin armas para esquivar la melancolía de ese mundo en que nombrar era crear o poseer (como en el paseo por la naturaleza de mano del abuelo en «Luna de gusano»). Una antítesis encarnizada que solo puede resolver la ternura del autor, la voluntad de considerar la memoria entrañable al margen de su crudeza por estar integrada en la dignidad de cuanto fue vida nuestra (en el poema «Casas»). En ese sentido, «Teoría de la grieta» acierta al mostrar un elemento *testigo* de la vulnerabilidad, de lo borrado por el tiempo pero que a la vez, y al *modo coheniano* representa lo que ponía en pie su «grieta» de la canción «Anthem»: una discreta esperanza.

Un libro que demuestra un admirable dominio del *tempo* atmosférico a partir de la Naturaleza. Así, «Otoño» tiene un hálito machadiano, con ese canto a la mosca: imagen de lo provisional y lo frágil, a las que canta casi como si fueran lares, dioses domésticos que han renunciado a su propia trascendencia: las de don Antonio se posaban en los párpados de los muertos…, las de Juan Ramón Mansilla mueren en casa como si rechazaran el eterno retorno de deshacerse entre la naturaleza para acompañarnos en nuestra cotidianidad. Y en «Véspero» se afianza la connotación del viento como lo transitorio e inestable, imagen de la inconsistencia del ser humano y sus deseos.

Entre los rasgos de estilo más relevantes, hay que destacar los poemas compuestos a modo de yuxtaposición de impresiones como «Collage», expresión de un decir fragmentario que se convierte en la única técnica posible para intentar comprender la dispersión de la propia personalidad («Formas de tejer los recuerdos»). O la entraña de la memoria, que solo se revela en hilos inconexos, esos filamentos del «patchwork», que no se pueden recomponer o encerrar en el consuelo de una ilusión de coherencia: las percepciones dispersas desde el vagón en «Ferrocarril de poniente». Así, la sabiduría que nos conceden los años a cambio de matarnos, mezcla los momentos hasta confundirlos como en un «pangea» o una bola de plastilina: en el conmovedor «Ninguna persona mayor ama el álgebra». Y determinan que cualquier aspiración a la colectividad, aunque sea algo tan ancestral como los relatos que se narran ante el fuego, sea más una ilusión que algo palpable, o que toda la cultura consagrada por la oficialidad suscite esa misma sospecha de ser un error (en «Ante el extraño caso de los ríos voladores»).

Volviendo la mirada al ancho cauce literario del que todos hemos nacido, me gustan los poemas que suponen una vuelta de tuerca, a la vez emotiva e irónica, de géneros consagrados por la tradición. Es el caso del *natalicio* (en su versión de *autonatalicio* de la poesía moderna, con una estimulante hibridación entre historia e intrahistoria) en «10 de enero»; del *retrato* desde una perspectiva distanciada e irónica, como un inventario en que asoman a la vez la miseria y los anhelos (o los modestos logros) que aquí nos lleva más a Manuel que a Antonio dentro de la familia Machado. «Marrakech» es una antítesis del tópico *poema de viaje* porque la vena descriptiva preciosista más previsible se convierte en un mundo de apariencias deslizantes, como indefinidas entre sueño y vigilia en que se descubre la propia condición antiheroica («Ícaro y Dédalo, pero sin alas») o la debilidad.

La pasión por la cultura se materializa en una demolición de todos los límites espaciales y temporales, en poemas como «Job» que conforman una especie de «continuum» artístico donde pueden fundirse las referencias más heterogéneas, y multidisciplinares, gracias no solo a esa convicción sino a un instinto espontáneo para la imaginación. «Ángeles» muestra una evidente originalidad a la hora de rehuir los lugares comunes del culturalismo, al igual que «Cuaderno de arte», con su perfecto empaste de los referentes pictóricos en la cotidianidad.

«Días como estos» pone de manifiesto una de las grandes virtudes del libro. El uso de anécdotas de lo cotidiano que cobran una insólita anchura para convertirse casi en una fábula moral o, en otras ocasiones, en un tratado impremeditado de metapoética, «Mejor no mojar galletas», sobre la potencialidad del poema para herir aun de forma impremeditada; «Lo que es y no es poesía», que retoma esa reflexión becqueriana sobre lo perenne de la materia prima del oficio pero sin distinciones entre lo que es tópicamente sublime o no. Y, en una vertiente aún más honda, «Huevos de gallina» constituye un pequeño manual vital sobre el amor a lo que existe y la serenidad para afrontar lo que se nos niega o pone a prueba nuestra paciencia antes de ofrecerse.

«Auto de fe» es representativo de otro de los puntos fuertes del libro: la desmitificación de las posibilidades vitales de la escritura, a pesar de que se pueda rodear de ritos que intentan apresar lo natural o espontáneo como los que se describen en el texto siguiente: ese «escribir desnudo» de «Cómo vestir para escribir poemas», que es tanto como el sueño de una tarea donde jamás existiera la impostura. Un poema como «Doméstico» arrebata a la creación lírica toda su aura mítica para hacerla indistinguible de cualquier otro gesto que afianza el día común, el que, en su carácter indistinguible de tantos, es a la vez el placer del *aurea mediocritas* y la hondura insospechada de la intrahistoria. Tal vez porque su propia materia prima, la palabra, es errónea, ya no puede soñarse como una llave que nos acerque de manera inadvertida a los enigmas que excitan el afán de escribir (y así «Nochevieja en el Nilo» está casi más cerca del cuento de terror que de la parábola), ni menos aún alcanzar esa potencia germinadora de lo que crea al enunciar («La estrategia de Penélope»). Es débil, se agosta, y pasa a engrosar de inmediato toda esa morgue impotente de lo que nos gustaría preservar porque suscita nuestra ternura, como un pájaro o un gato callejero (certeras imágenes de «Verano de 2024»). Porque, al fin y al cabo, la severidad de la tragedia puede acontecer, como bien señala, «Lectura de Hamlet», entre un gato, un coche y una farola.

En fin, no todos los magos y, honestamente, tampoco todos los poetas son capaces de sacar el conejo de la chistera. Pero, aun en el caso improbable de que Juan Ramón no lo hubiera logrado de cara al lector, soy de los que opinan que la manifestación honesta e ingeniosa del fracaso anula el propio fracaso y lo convierte, por virtud de la paradoja, esencial en este oficio, en un éxito deslumbrante. No es querencia sentimental por el «loser», por el antihéroe en sus múltiples acepciones o el borracho que cuenta detalladamente su pena ante la parroquia atenta de una barra de bar (prototipos humanos que, obviamente, me chiflan). Es que vivimos en un mundo con exceso de autoestima —hay más saturación de ego que de azúcar o colesterol—, de condescendencia macarra hacia al otro, o gente que parece no haberse dado cuenta de que hemos venido al mundo a perder. De hecho, a perderlo todo tras una sucesión de indefinidos y dolorosas pérdidas parciales. Y quien se posiciona voluntariamente en los márgenes para silbar y ver brotar las flores, como hacía Gloria Fuertes, merece no una reverencia —feo gesto—, pero sí un guiño afectivo y cómplice. También el abrazo de un lector feliz.

Rafael Escobar Sánchez

Tono, vestimenta, calzado

Elegir el tono del poema, tajar las palabras
como quien separa la carne del hueso.
Elegir el tono, decidir cómo se calza el poema.
Elegir el tono, acordar cómo se viste el poema,
el modo en que las palabras se fruncen
mientras se sientan o caminan.
El tono de un poema es un paisaje, una forma de volar.
Es caer en picado y entrar en un túnel
donde solo te guía un punto
de luz.

Los viejos sueños eran buenos sueños.
No se cumplieron, pero me alegro de
haberlos tenido.

CLINT EASTWOOD

Es un error de la maldad humana
alabar siempre el pasado y desdeñar el
presente.

TÁCITO

Trata de alabar el mundo mutilado.

ADAM ZAGAJEWSKI

La casa de los rostros del ayer

VENCEJOS

1

En las migraciones de los vencejos
es donde la abuela escruta
tras la ventana y se recobra
el oscuro verdor de las tardes de verano
el griterío rodea la torre de la iglesia
se sacan sillas al fresco y con las palabras
viene olor a siega reciente
a campos dorados una sola espiga en pie
señala un norte hacia donde los pasos van
hacia donde las cigarras tañen
su sexo y su violín enciende la noche
llovían ranas pequeñas muy pequeñas
la uña de un pulgar
lo vi juro que lo vi golpean el suelo
como grandes gotas
de nácar y saltan ojos cuerpo ancas
quien no ha visto llover ranas desconoce el milagro
saltan y saltan entre nuestros pies
hágase la magia la transustanciación
del agua en carne que salta y no deja
de saltar porque la vida es eso
la búsqueda de un estanque en la canícula
primeros besos en un confesionario saltar desnudos
desde la orilla al río comer moras de regreso al pueblo
quien no ha subido a un árbol para coger moras
desconoce el bienestar
en lo blanco del verano la abuela
pasaba las cuentas del rosario
el crepúsculo lo anunciaban los vencejos

alguien debe componer la música de los vencejos
y las ranitas llovidas y de la abuela que musita
plegarias mientras observa la calle
la música de las manos del abuelo que lía un cigarrillo
y las hebras que salen de la petaca de cuero
el humo huele a mies aventada en la era
sepárate grano de la parva y será posible el pan.

2

Los vencejos dibujaban su pentagrama en la tarde
si alguno caía había que tomarlo en las manos
tomarlo como el agua en las manos se toma
hacer con ellas un cuenco lanzarlo al aire nuevo
y ver cómo tus manos se agrandan en el ansia de volar
quien ha tenido un vencejo en las manos
lo sabe es ese instante en que eres el viento y el ala
la resurrección
hágase la pluma hágase el pájaro
canten los cielos canten los pájaros
hágase el aire y ladren los perros
y estás tan solo que todo alrededor resuena
y tocan a rebato las campanas
una vez trajeron a un ahogado los perros ladraban
es curioso el coro de los perros
una vez toqué las campanas
tiraba de la soga soltaba la soga
era un llamar a cosas indefensas a la cáscara
a la hebra de tabaco a la cuenta
del rosario a la espina del rosal
las campanas suenan a luna llena
los perros aúllan a las ranas
que vuelan y al vencejo que cae
se tienden de espaldas en el trigal segado
puedes olerlo en tus palabras dejar en ellas filo de hoz
y piel de durazno qué pobres son las palabras
si no hay viento ni ala ni trigo que una voz lleve
a otra voz.

3

Están llegando los vencejos y pienso que soy el ahogado
que llega en la tarde y busca su nido bajo el alar
poca cosa son los nidos si cantan los perros
a la luna más negra
ya la abuela no reza y el abuelo no fuma
se fue el agua del río las ranas no llueven
qué hemos hecho para ser desterrados
para andar por la tierra con la máscara seca
si vinimos del aire y el aire quisimos
si hicimos del aire el nido más nuestro
el aire que olía a todo el verano a todos los panes
que la mies prometía el aire que era todo campanas
qué hemos hecho del agua y del vuelo
si ahora ni suena ni brilla ni tiene otra cosa
que un vagar transitorio que un vagar detenido
entre ruinas semejantes a huesos
y pequeños cadáveres de ranas que golpean la tierra.

Después de leer sobre la Vía Láctea

Hoy Dios da leche
Anne Sexton

Hoy dios da leche y en algún lugar
algo ha vuelto al instante previo a la gran explosión.
Pienso en el rastro que deja en la nieve
el trineo que conduce un auriga borracho.
En dedos manchados de nata escribiendo en un cristal.
Nombres.

La leche de dios es sencilla como las preguntas
de un niño en un viaje.
Qué hora es. Cuándo llegamos.
Cuánto falta.
Un niño es un girasol mientras viaja.
Gira, gira y gira hacia el hogar.
La piedra también es sencilla.
La sabiduría de la piedra no es la misma que la de dios.
Su leche es verde, da color a las hojas, explota a la luz.

Hoy dios da leche y las luciérnagas portan
su luz bajo tierra.
Tras el desayuno dios nos deja a oscuras.
En algún lugar alguien enciende un pitillo
y apaga un candil.
Es la señal, dice la piedra.
Tendrás que olvidar todo el conocimiento de antaño,
caminar con sigilo y burlar al vigía.
Solo así podrás abrir de par en par las puertas,
coger tu maleta, derramar, antes de irte,
la leche agria de dios.

Otoño

Nadie sabe por qué las moscas prefieren morir
en casa en vez de en la calle,
junto a las rosas tardías de un jardín.
En casa sus cuerpos serán barridos.
Afuera serían llevadas por el viento,
a lugares donde la vida les dejara volar.
Pero las moscas son criaturas domésticas.
Acompañan la lectura de un libro, el café
de sobremesa, los blandos momentos antes de dormir.
Son un misterio que revuela de cristal a cristal.
Nadie sabe adonde se encamina.
Cuando mueren las moscas nadie sabe adonde van.

Lluvia de invierno

Hay recuerdos con forma de animal maltratado.
Se acercan inseguros buscando una caricia,
un mendrugo de pan.
Asustadizos, se esconden si les gritas.
Se conforman con poco, unas sobras, una voz suave,
la manta más vieja en cualquier rincón.
Otros son voraces, implacables,
acechan babeantes de rabia,
asaltan en las noches e impiden dormir.
Unos poco más quieren que un poco de calor.
Los otros te abandonan exangüe una vez consumados.
Si se entra en ellos se sacan con fango y sangre los pies.

Casas

Piedad por las casas que alguna vez habitamos,
por las paredes de adobe y mampuesto,
por las baldosas partidas y el chirrido de las puertas.

Piedad por los patios con gallinas y la alacena con sobras,
por las estufas de leña y el rescoldo en el hogar,
por la ceniza que deja su costra gris contra el olvido.

Son donde regresamos a la luz primera y el sabor
tostado de la malta. Derruidas o en pie
conocen nuestra historia.

Reza por ellas cuando estés solo,
verás que se acercan y apoyan en tu vientre
como un perro viejo la cabeza.

Maletas

Qué poco pesan en las películas las maletas
El protagonista las toma de a dos
y aun es capaz de llevar el paraguas y un sombrero
Baja las escaleras y enfila la avenida
Camina y camina ligero como quien nada porta

Otra la casa abre una maleta
Ropa un cuaderno fotografías
Mira por la ventana y se quita los zapatos
Lejos la calle por la que vino
Muy lejos la casa anterior

Fuera de pantalla es otra la secuencia
Peso cansancio dolor en las manos
los brazos ya casi raíz se estiran al suelo
No pregunta dónde estuviste de dónde vienes
Una maleta solo pregunta a dónde vas

A veces se pierden las maletas.

ARQUITECTURA PARA NOVICIOS

La persona apoyada en la barra del bar
hojea un libro de instrucciones.
Arquitectura para novicios.
El título evoca a quien ingresa
en un convento y se dispone a rezar.
¿Con qué materiales edificará su celda?
¿Será la hornacina grata a la estatua de dios?
¿Abrirá un hueco en la tapia para huir?
La construcción es eso. Un difícil
equilibrio entre cargas y apoyos.
Da siete vueltas al tapial
y hace sonar la trompeta.
El mismo muro que quiso edificar
intenta afanosamente que se destruya.

10 DE ENERO

Nacer el décimo día del año, la luna
en cuarto menguante.
El sudor de madre y las manos de padre.
El abuelo donó el primero de tus nombres.

¿Nevaba, goteaban al sol los carámbanos,
se detuvo algún tren en medio de un bosque,
retejó alguien su tejado?

Nadie te habló nunca de ese día.
Sabes cosas de afuera,
hilos que no cosen tu camisa.

Tu historia comenzó a hacerse de retazos.
Benín: Día tradicional vodún.
Bolivia: Fiesta de Ajira.
2013 años antes, César cruzó el Rubicón.
The Supremes cantaban
When the lovelight starts shining
through his eyes.

Nadie cuenta si lo hicieron los míos.
Si se abrieron mis ojos y cantaron.

Año chino

Nació el año del dragón de la madera.
Meticuloso y práctico, aunque dado al ensueño,
predispuesto a los quehaceres diarios
menos que a las palabras.

Los dragones de la madera, imagina,
son pequeños seres grabados al fuego
en el filo de una aguja
que al poco se pierde en un pajar.

AUTORRETRATO

Hernia y sarampión, dos veces, durante la infancia.
Varias vacunas. Viruela, cólera, tétanos.
Partes arrancadas: amígdalas, vesícula, algunas muelas.
Un libro quemado (propio), muchos poemas en la basura.
Ningún hueso roto.
Asuntos añadidos:
jaquecas, ciática, algo de artrosis, barriga.
Sin tatuajes. Hasta la fecha.
Dos hijos. Tú.
Doce cambios de domicilio. Varias maletas.
Cosas que se retienen:
el silencio, algunas canciones,
un puedo, una ventana.
¿Sueños? Duermo poco.
¿Propósitos? Leer todos los libros, pagar la hipoteca.
Decir adiós. Tú. Terminar este poema.

COLLAGE

La infancia viaja en el carromato de los zíngaros,
enciende una lámpara de aceite
y moja en leche migas de pan.
La orquesta toca valses para los gorriones muertos.
El poema: plumón disperso en la acera.
Lee los posos como solo saben hacerlo los ciegos.
Un trozo de espejo donde la mitad de un ojo
mira a su otra mitad.
Una mancha de mora en la camisa.
La imagen de una llave con la que abrir una puerta.
Una forma de adiós.

Formas de tejer los recuerdos

La memoria se hunde en el pozo del primer recuerdo,
enhebra una aguja, cose unos jirones, zurce la eternidad.

Es septiembre. Tienes diez años. Un autobús se aleja.
En el trayecto empiezas a ajustar cuentas con la vida.
Serán años hambrientos. Calendario,
disciplina. La carcasa de otros días.

Tendrás que sacar el hilo de la aguja, descoser los hilvanes,
esparcir sin orden los fragmentos.
Un único presente donde tiembla una luz, bate una puerta,
y te vas.

ESPLIEGO

No conversamos mucho. Mi padre y yo.
Éramos quienes éramos más allá de las palabras.
Cuando murió permanecí en silencio,
puse su cabeza en mi regazo
y limpié la baba gris que dejó la vida en su boca.

En ese momento, sin que nadie me oyera,
fue cuando dije cosas y más cosas.
No las que hubiera querido decir.
No las que jamás hubiera dicho.
Cosas sencillas.
Te echaré de menos, estaré bien.
Le hablé de aquel día en el río, del mimbre
de los campos de su infancia,
de mi orgullo por él.

Una de sus manos estaba cerrada.
Apretaba semillas en el puño
para sembrar de espliego los linderos de la muerte.

PAN, HUEVOS, CEBOLLETAS

Mi madre nos llamó para el almuerzo.
Asadura, pan, huevos con cebolleta.
Mi padre, mi hermano y yo. Detuvimos el trabajo.
El techo de cañizo, el pozo ciego.
Nos sentamos a la mesa y comimos.
De ser cristiano diría que la comunión era eso.
Una pausa, estar juntos y un reclamo.
Usar las obras para estar en el cielo.
Mi madre no lo sabe,
quizá si alguna vez lee esto lo sepa.

GENEALOGÍA

Mi padre recibió del suyo un nombre, una profesión
y un anillo.
De mi padre recibió nombre, profesión
y anillo mi hermano.
Mi profesión es también una de las de mi padre.
Ninguno de mis hijos lleva mi nombre.

Grullas

La bandada de grullas volaba al oeste.
¿Seguían el rumbo del sol?
¿A qué blanco apuntaba su flecha?
La laguna en completa calma.
Su espejo reflejaba otra tarde:
mi padre se metió en el río
y yo me senté sobre su espalda.
El agua fue entonces mi lengua materna,
la forma más pura de volar.

En ese recuerdo podía echar las redes,
rescatar del invierno escamas de sol.
Las campanas de una iglesia,
un camino hacia el atardecer.

Las grullas regresaron rezando a contraluz.
Las grullas cuando vuelan son sílabas de una oración.
Mantén cerrados los ojos y tuyo será el reino.
Mantén los ojos cerrados y verás un nuevo dios.

SEMEJANZAS

Un apunte en el cuaderno: todo se asemeja
el viento y los lirios el hospital y la noche
las rocas y los rayos del sol
por qué si los fríos de enero no son las frutas de mayo
si el licor de los labios embriaga
más que el que queda en las copas
si entre todos los objetos una mano
es el más duro el más tierno el más inhóspito
fumaba en la cocina y vino esa idea
(apenas un ave de paso)
quedó como un copo de nieve en las hojas
como quedan las hojas después de un largo invierno.

Días como estos

Mi padre tocaba el claxon al volver a casa tras el trabajo.
Un reclamo para salir a la puerta y abrir el maletero
como el cofre de un tesoro.
No importaba el contenido.
Lo importante era ver en sus ojos algo que decía
ves, siempre hay quien agradece el trabajo bien hecho.

Una vez trajo un gallo y olvidó tocar la bocina.
Abrimos el maletero al día siguiente
creyendo encontrar un cadáver,
pero el gallo se irguió con el orgullo
de quien sabe cómo encender el albor
para que el día suceda.

Pequeñas historias familiares.
Mi padre la inició. Mi madre se la ha contado a mis hijos.
Mis hijos no sé si la recordarán.

Hoy me la cuento a mí mismo.

—Pero dime, ¿te gusta la música, Evey?
—Supongo.
—Soy una especie de músico y voy a hacer una presentación especial.

De la película *V de Vendetta*

Sí, pero en esa época todavía no conocía las investigaciones sobre el Caos.

LIGETI (entrevista con Marina Lobanova)

Se prohíben y quiten las trompetas y clarines que los indios usan en sus funciones, a las que llaman pututos y son unos caracoles marinos de un sonido extraño y lúgubre con que anuncian el duelo, y lamentable memoria que hacen de su antigüedad...

De la sentencia contra Tupac Amaru

Música recercada

LO REAL

Los dedos de Plutón hundiéndose en el muslo de Proserpina.
En Bernini el mármol se hace carne.
El ángel en el cuadro de Millet.
Don Quijote al fin lancea al gigante de la llanura.
Mozart en una carta a su hermana:
Adieu, pequeño pulmón, te beso, mi hígado.
La música nocturna cabe en un bolsillo.

Un trago en el bar de Hopper, mejor si canta Sinatra.
Si se enciende la calefacción se hace el invierno.
En otra ciudad la gente fabrica mantas y explosivos.
Al pulsar el detonador saltan de la mano mariposas.
En la foto de O'Donnell un niño lleva el cadáver
de su hermano a la espalda.[1]
Qué leves son los muertos.
Los muertos familiares no pesan.

SOBREVOLANDO LOS ALPES

Cualquier paisaje es un error. Nadie contó
con esa alfombra
de nata salpimentada de alerces.
Habrá que empezar de nuevo, dijimos,
son cáscaras las cimas y se han llenado de arroyos.
Algo así. Algo hecho despacio mientras el piano
responde al trío de cuerdas y los motivos
se repiten y repiten como platos de bufé.

Una rama en la hierba, un guijarro a la orilla del mar.
La flecha de las grullas indica el camino.
¿La elección? Ir. Venir.
Un día, como un albatros, caerá el sol
en picado sobre la espuma y tomará su pez.

Hay que sopesar las circunstancias
como en Puerto Príncipe
las damas de alcurnia sopesaban los testículos
de los esclavos antes de su compra.
El Danubio por la mañana:
una roja compota y el rocío.
Hora de vestirse y salir.
Pero, ¿y si no hubiera calle?
¿Qué acertijo es este?

Aquí todo son trabalenguas, alguien murmura.
Oh, mi valiente magiar, exclama la mujer,
hay bombones en la mesa, un lápiz
y un sobre sin franqueo.

Hay que recoger la casa antes de que la tierra se rompa
en mil pedazos, deshacer las maletas y tender el mantel.
Quizá Toussaint Louverture regrese
a liberar el alma de los muertos.
Hay que ser precavidos. Doblar la esquina de la página,
extraer de los cuerpos deshechos
alguna idea de civilización.

Créelo.
Las noches al raso son terribles ahora,
la angustia que sientes no solo a ti pertenece,
es poderosa, se duplica.
Es el mal que padece la historia.
Sí, mi amor, este no es el paraíso prometido.
Aquí no hay quien crea a los dioses.
Menos aún.

Cabo de Gata

Toca la piedra, toca la herida de la piedra,
su matriz de toba, esparto y albaida.
La piedra es la manzana mordida, el libro
sin hojas donde leen currucas y alacranes.
El libro donde se ocultan las morenas
y los cantuesos dan flor.
Todo en él queda escrito.
Todo lo escrito en él el mar lo borra.
Todo lo borrado se esculpe a fuego.

Desde el mar se observa la osamenta
de un larguísimo animal triásico.
La luz primera calcina sus huesos, cincela
con ellos las calas en el lomo de la costa.
Cala del Plomo, Cala Chica, Cala de la Media Luna.
Paisaje donde la negrura desnuda la eternidad.
Los jaspes refulgen cantando la canción del liquen.
Cantando la canción de la genista
el magma se queda sin voz.

Tienes que hacerte piedra aquí, dicen las piedras,
hablar la lengua de los lagartos que dormitan
al sol y persiguen mariposas,
recitar la cantiga del espejuelo y la aulaga.
Fuera de la piedra la muerte siega a guadaña
las madrigueras de los topos y el taray.
Lejos de la piedra vivirás con la inquietud
de que te falte el aire.
Más allá de la piedra olvida toda bondad, todo perdón.
En el crepúsculo el gran animal despierta.

No podrá escapar aquel que no entienda
las señales. Quien no hable el idioma
de la piedra será devorado
y habitará en sus fauces como un ciempiés.
Eso dicen.

Las piedras nos lanzan palabras.
Las piedras nos prestan canciones.
Sordos, nunca escuchamos su voz.

JOB

Desde la playa creo haber visto a Job llegar en una ola.
La espuma huele a sandía y brillan al sol escamas de peces.
Job se sienta en una hamaca.
A veces camina descalzo por la orilla.
Sus huellas escriben versos del *Cántico* de Juan de la Cruz.
Escucha el griterío de los niños, el eco de combates
dentro de los castillos de arena.
Job se detiene. Job mira las criaturas a su alrededor.

Llueve sobre la playa y todo parece más próximo al milagro.

Un niño observa a Agustín de Hipona
meditando sobre la Trinidad.
La pleamar derriba los castillos.
Los guerreros huyen.
También las gaviotas.
El mar se hace uno con todo lo que rodea.

Job ve a Ucello pintarlo como pájaros
en un bosque de lanzas. Pían, revuelan, escapan.
Job también escapa, pero fuera de su sombra.

Ucello es un pájaro piensa Job.
Los versos de Juan son sus alas.

El extraño

Cuando jugaba al escondite elegía el sitio más improbable,
aquel en que por evidente nadie pensara buscar.
Un banco del parque, el poyal de una fachada,
el pretil de la fuente en el centro de la plaza mayor.

Había quienes se escondían en una casa en ruinas.
O buscaban confundirse con los árboles y los setos.
Sus nombres eran los primeros en ser pronunciados.
Él podía estar horas y horas esperando,
cada vez más vestido de ausencia
como quien viste un disfraz.

Cuando al fin gritaban su nombre
lo sentía extraño, algo ajeno y remoto,
un eco que venía de un lugar oculto
y repite palabras que nadie pronunció.

Para qué sirve el frío

A los niños habría que enseñarles a decidir
entre caminos, equivocarse y volver.
Decirles que las sendas se borran
y se pierden los rastros.
Unas pocas señales.
Huellas en arenas movedizas.
Los niños han de saber
que el pasado no es un refugio
sino el filo de un cuchillo.
Que la memoria es un pájaro
en la copa de un árbol en llamas.
No da calor ni explica para qué sirve el frío.
Este frío.

BAILE DE MÁSCARAS

La cuestión no es conocer sino reconocernos
aunque el envés nos haga maldita la gracia
no tener luz ser luz aunque la luz moleste
y también sea la oscuridad visible

echar el turno a suerte
a quien la respiración el cuarzo
a quien la quietud el ritmo

lastre para subir nube para bajar
¿qué es el sol sin contrapeso la magia
sin las moscas el vaivén sin el mundo?

nadie venga a enseñarnos
en el guion todo estaba escrito
la forma el dolor incluso el frío
girando otra vez para que exista el aire.

Teoría de la grieta

La grieta ruega a quien llega a la casa que abra
la puerta despacio,
encienda la chimenea y olvide todo al entrar.
Haz como el musgo y la correhuela, pide, deja
en mí tu mensaje para las hojas
y los pájaros que pasan estación tras estación.

Disculpen mi desaliño, dice a las flores de afuera,
pero un petirrojo anida dentro de mí.
Disculpen mi forma, grita a los geómetras, pero los años
no saben de líneas ni trazan con orden su devenir.
Crecí despacio, cuenta la grieta,
apenas un temblor en la piel.
Soy como el sexo que se abre y espera.
Un relámpago que deja un roto de luz en la luz.

Os diré un secreto: puse una silla
de mimbre por cada morador.
Quité una silla por cada uno que se fue.
Soy el testigo que sabe colocar cada nombre
en su destino.
Ahora no hay sillas y puedo decir que soy
la conciencia de lo abandonado.

Cuentan que ahora los lobos acosan,
que llegará el invierno con hambre y con sed,
que todo, hasta los lirios, será derribado.
Que todo, hasta la casa, perecerá.

No lo creáis, siseo a los niños asustadizos,
id a las ruinas de Troya o a Tulum.
Veréis que todos se han ido, que los lobos son tiernos,
que quedan los muros y las voces,
y el fuego de una grieta que ilumina la pared.

LUNA DE GUSANO[2]

Un camino ascendía entre los cantuesos.
Otro asía sus zarcillos
a la retama como signos de interrogación.
Bajo el surco lechoso de la luna
de marzo, ¿qué rumbo tomar?

El abuelo me decía el nombre de las flores.
Ranúnculo, majuelo, alverjilla, lentisco, chupamiel.
Decía sus nombres y era como si los pétalos se abrieran.
Cada nombre era el principio de una historia de amor.

¿Y ahora?
¿El reflejo de la luna en un charco?
¿Un tiempo para la recapitulación?

Madrugamos, pero el amanecer nunca esperó,
los pájaros salieron volando y una pluma
fue el único indicio que nos quedó en la mano.
Aunque abrimos la puerta el buen día no quiso pasar.

Bajo esta luna la tierra comienza a entibiarse
y los gusanos a salir.
¿Podrían encontrar un recuerdo?,
¿algo sobre lo que poner la almohada
y construir un hogar?
Bajo esta luna las respuestas nada significan.
Este plenilunio de marzo borra los senderos
que nos llevan al ayer.

Calima

Sabes por qué la tierra se unce al viento
y atraviesa los mares.
Por qué se desprende del viento miles
de kilómetros después.

Quiere ser lluvia, caer en los jardines y arboledas.
Oler cómo huele la tierra recién mojada.
Ser el agua de la que oyó un día hablar.

Y volver al desierto colgada del aire
para dejar en las dunas, es su esperanza,
un rastro de petricor.

ÁNGELES

El primero en venir fue el ángel de Rilke.
iba descalzo y hablaba de una terrible belleza.

El ángel de Gógol cabalgaba un menudo
y salvaje corcel. Reía como quien adora
a las piedras en la estepa de los tártaros.

El ángel de Poe fue el tercero,
negrísimo terciopelo su rostro.
Ebrio de vino del sur
hablaba del mundo eterno de los gatos.

El cuarto ángel ni alas tenía, ni voz,
pero escuchamos su mensaje como quien interroga
a un dios desoyendo sus palabras.

DOMÉSTICO

Extraño modo de crear un mundo.
Asomarse a la ventana, sentir el sudor como nueva costumbre.

Un pitillo, un café y un poema,
la esperanza de ser una estatua de sal si mira a su espalda.

Nada que decir, nada por hacer.
La casa comprada. Olor a desagüe y felino.

Un café, un cigarro más, el poema al fin terminado.
Algo doméstico.

VÉSPERO

¿Es esto el viento? ¿Ese sonido de jarrones rotos,
de cosas arrastrándose, es el viento?
En el cuarto cerrado hace pensar en aquello que no existe,
en la falta de cobijo.
O en palabras que una vez dijimos para pronto olvidar.
El viento grita y grita como quien busca
un camino ciego a la luz.
Contemplad el débil resplandor del poniente,
parece decirnos, la calle humedecida por la lluvia de marzo.
Sujetos a la tierra, ¿no quisierais volar a los cielos?
Ya en el cielo, ¿no quisierais volver a bajar?

LECTURA DE HAMLET

A esta hora la calle parece el escenario de una tragedia.
El gato bajo el automóvil bien podría ser Hamlet.
Sin duda el farol de la esquina es Ofelia.

Mientras el gato vacila, salir o no salir,
la luz del farol languidece
y el río del alba se desborda.

El gato tendrá que abandonar Elsinor y afrontar su destino
en la trampa del día. La cuestión puede esperar
a que vuelvan la noche y la luz temblorosa de Ofelia.

Solo se daña lo que se ama, Hamlet maúlla
y clava sus uñas en el halo que revela su sombra
mordiendo la calavera de Yorick.

PATCHWORK

Uno escribía expulsando bocanadas de humo.
Otro hurgaba en los cubiles de los topos.
Un tercero musitaba una oración.
Disponían los retales de sus vidas
como hilos y colores en una manta de patchwork.
El corro en el patio de la escuela,
el libro de Verne en un desván,
miel y café al desayuno.
Cigarros clandestinos.
Tal vez se nos pase algo por alto.
A ti. A mí.

Última clase de historia

Muchachos, tomad un cuaderno, id al monte,
acopiad leña y escribir. Que cada cual escriba su historia,
que cada cual eche su historia en el fuego.
De las llamas saldrá una historia colectiva.

En el humo cada historia será inseparable de las demás.
Sed precavidos, toda cautela es poca.
Las llamas de la hoguera avivan el delirio,
ein volk, ein reich, ein führer.

Y si ese falso fulgor nubla los ojos,
¿cómo encontrar el camino de vuelta?
¿Alguien rezará una oración para los ciegos?
Ciego, ¿quién puede escapar?

¿DE QUÉ CONVERSAN DOS FOTOGRAFÍAS?

¿De qué conversan dos fotografías colgadas
en la misma pared?
¿De la vista que comparten? ¿De la abundancia del mar?
Juntas han reído y viajado, leído
poemas antes de dormir.
Han sido carne, agua y tiempo.
Hicieron un paisaje interior.
Tragos de ron y distancia
fueron tirando sus días a la basura.
Achicaban el agua para no naufragar.
No, nadie diría que conversan esas figuras.
Pero a veces, cuando nadie las ve, abandonan el marco,
salen afuera y se adentran en la bruma
cogidas de la mano camino de su luz.

Resolución

La piel no es una medida exacta. La lengua
lo sabe al bajar por el abdomen.
En la doble interrogación de los cuerpos
se velan los ojos para que se haga la luz.
Todos los ríos manan de un núcleo.
Circulares, entran y salen de él.
Hágase la carne agua, dirán.
Hágase el agua músculo.

La piel se abre con un fogonazo
y vuela en la grupa de un ángel negro.

«Escribe las cosas que has visto, y las que son,
y las que han de ser después de estas»,
lo dice Juan de Patmos.[3]
La piel lo sabe, la piel se abre
y se cierra, se cierra y se abre.
Cada dedo es la punta de una estrella
que deja su leche en cada cuerpo.
Por eso escribe:
«Lo que crece de nuestras manos
tiene el deber de cantar».

Nochevieja en el Nilo

Construí esta tumba en esta necrópolis,
junto a los grandes espíritus que aquí están,
para que se pronuncie el nombre de mi padre
y el de mi hermano mayor. Un hombre es
revivido cuando su nombre es pronunciado...
[Inscripción de la tumba de Petosiris,
sumo sacerdote de Thot en Hermópolis].

No te dejaremos entrar a menos que pronuncies
el nombre, dijeron las puertas.
Tú no sabías qué nombre decir, estaban
grabados en el dintel
pero sabías que los signos nunca se acercan a la verdad.
Podías invocar a Thot:
ven a mí, guíame por la orilla, dame un indicio.
Podías rodear siete veces el escarabajo en Karnak,
musitar las palabras secretas.
O ese verso del Canto del Arpista:
no hagas sufrir tu corazón.
La noche es triste y tiene
muchos nombres y muchas formas.
Puede ser un templo, un papiro, un ibis.
Puede ser el río que quedó varado en el ayer.
O la arena que sucede al recuerdo.
Nadie conoce las antiguas invocaciones.
Los nombres han sido borrados.
Solo la piel tiene memoria.
Si no los dices no podrás entrar, repetirán las puertas.
Mira, cuando vuelvas te estarán esperando.
Mira, aquí nadie ha entrado jamás.

NINGUNA PERSONA MAYOR AMA EL ÁLGEBRA

Los almanaques nunca faltan en casa de los viejos,
tienen otros meses, semanas distintas, otro color.
No cuentan los días, solo discurren y pasan.
Por no sumar, el tiempo de los viejos es antieconómico.
Sentarse en un banco, alimentar palomas, caminar al albur
no son series sujetas a algoritmos.
La memoria de los viejos es una gran sábana
blanca henchida en la yerba como si un velero
hubiera varado ahí. Un gran lugar sin tiempo.
Por activa, la nostalgia de los viejos es antisocial.
Se tiende al aire como una red que atrapa el agua de la niebla,
bebe con las manos las gotas de esa agua,
restaña sus recuerdos con las llagas de esa sed.
A veces los viejos sonríen, se encogen de hombros
y empiezan a contar.
La casa habitada. El sol de mediodía. La taza de leche.
Los cuartos vacíos. Las migas de pan.

POÉTICA Y CÍA.

¿
qué decirte si preguntas por el poema
qué teoría dejar en unas líneas
qué palabras para explicar
que avanza al tiempo que los nombres
que los pies y ya no hay tiempo
?

cada interrogación un supuesto
en el fuego termina de salir el café
el poema será o no será pero afuera llueve
afuera eso es seguro baja la calle turbia
y es noviembre o sábado
o este mismo jueves que recién salí de la ducha
olía a jabón y a penumbra
tenía un nombre común podía ser una sílaba
o este país que no termina de gustarme
y cada vez que lo miro va siendo otro

tomo el café y unto en el pan el poema
enciendo un cigarro y leo en su papel
lo enciendo lo poso se apaga
quizá el poema sea este fumar discontinuo
la mecánica repetida del humo
lejos de la meta y de cualquier fin loable

¿
qué decirte si por el poema preguntas
?

mejor te propongo un destino
la reducción de todo a un detalle
si los zurdos escribimos al revés
la tinta mancha el poema
el poema si es zurdo se escribe a contraluz
no tiene reglas se equivoca siempre

cuando vuelvas a casa lo sabrás
cuando vuelvas a casa el poema te estará esperando
cuando entres en casa se habrá borrado el poema.

CUADERNO DE ARTE

Se ha llenado la mañana con la luz de los cuadros de El Greco,
cielos que se elevan con la cuerna en llamas,
cielos de los que podría saltar un gamo
o entreverse el ojo tuerto de dios.
En el espejo mi imagen es un bronce de Moore:
un hueco por donde cada puerta rota busca el aire.
Ángeles de Chagall aletean en cada pregunta.
¿Quién hizo el día? ¿Quién hizo la hierba,
la hormiga, quién el pájaro?
Cuanto más se observa nada ocupa su lugar.
La hiedra llena el muro al estilo de Pollock.
Al caer la noche Mondrian se enciende en las ventanas.
El vuelo multicolor de los pájaros escribe letras
tan misteriosas como las líneas de Nazca.

La manera en que brotan las hojas algo significa.
A menudo los árboles empiezan a crecer al revés,
cuando el suelo se abre a los ocres del otoño.
Un árbol comienza siendo un color
al que la tierra acuna como una madre
y devuelve a la piedra.
En la infancia se mezclan arcilla y raíz.
¿Será la piedra la infancia?
¿O la primera vez que oíste toser a tu madre
y tuviste conciencia de la enfermedad?

No son fáciles las respuestas, huyen como peces
que guía un farero al alejarse del mar.
Como sucias ventanas iluminadas
en mitad de la noche

florecen en el sueño las lilas que ya marchitaron.
¿Tienes miedo de saber?, preguntas.
¿Tienes miedo de caer?
¿Miedo de caminar con los ojos vendados?
¿De no saber ir de la sangre a la piedra?
¿De la naturaleza a dios?

CÓMO SER Y CÓMO NO SER MANZANA

Caer del árbol.
Elegir al azar una frase.
La naturaleza no es ninguna tonta[4]
Crear una norma.
Ejercer una fuerza sobre un cuerpo.
Acelerar.
Pisar el freno. Detenerse.
Incumplir la norma.
Borrar esa frase.
Subir al árbol.
Hacerse flor.
Ser invierno.

Marrakech

Buscábamos el camino de vuelta al riad.
Lo fácil sería decir que nos perdimos, aunque lo cierto
es que todo mutaba de apariencia y posición.
Una puerta añil de pronto verde,
el arco recién cruzado esperando un muro más allá.
Un laberinto que se estiraba y encogía
al antojo de un djinn travieso.
Callejas retorcidas como raíces en busca de luz.
En la medina éramos Ícaro y Dédalo, pero sin alas.
El minotauro acechaba en cualquier rincón.
Lo más terrible: la hermosura de la noche.
Nosotros caminábamos cogidos de la mano
y la angustia tatuada con henna en la otra.

FERROCARRIL DE PONIENTE

Fragmentos en la distancia.
Villas, lomas, trigales,
huyen sin que tú

puedas cogerlos, revelar
para siempre la razón
secreta de su niebla.

Mejor no mojar galletas

Así sucede

mojas una galleta en el café
la acercas a la boca
y el trozo humedecido
cae sobre la taza
y salpica la camisa

el poema si lo mojas
cae en la hoja como
un pez boqueando
y te mancha la camisa
al expirar.

Monólogo del funambulista

Camino para buscar un puente entre dos orillas,
para contar un sueño que nadie ha contado.
Qué pequeños todos allí abajo, qué apenas granos de café.
Lo más fácil sería hacer lo que se espera:
dar un traspiés y caer al vacío.
O llegar al extremo contrario y saludar.
No, no de inmediato. Conviene crear tensión,
sacar una pierna del cobijo del cable, mecer
el torso al compás del viento,
alargar la secuencia de pasos y pausas.

Camino como si escribiera el principio de una frase,
un salmo para el aire y otro para los pájaros.
No entienden que el peligro es placentero
y aguzando la vista puedo ver dentro de mí.
No, no es estar solo estar conmigo,
puedo escuchar el fluir de mi sangre,
el ritmo de mi respiración,
mis pies tañen la cuerda como traste de guitarra.

Hay música aquí arriba, tanta que quizá
ya esté tocando mi propia canción.
Una vez se posaron en el cable unas calandrias,
nunca estuve más tentado de volar.

ROUND MIDNIGHT

La luz de la lámpara, los libros sobre la mesa, la taza con café.
Y el humo de todo lo que dentro se desvanece.
¿Cómo describirlo? ¿Qué pueden decir las palabras?
¿Cuál, entre todas, sería su voz?

Las cosas se aprenden si pones distancia con las cosas.

Es como cuando escuchas Round midnight.
Si lo canta London, la noche brilla.
En la voz de McRae se arrastra un gato viejo.
Cantada por Chet Baker, duele.
Con Sarah Vaughan las frases se sostienen del aire
como un colibrí que se detiene al volar.
Monk no requiere palabras.

Así es más fácil aceptar el silencio.
O escuchar el piano en el que dios desafina
para que los ángeles pierdan el compás.

ANTE EL EXTRAÑO CASO DE LOS RÍOS VOLADORES

Nada es como ha sido contado.
La historia juega al tenis con granadas.
Las hormigas cosechan semillas
de cara a la próxima extinción.
Las aguas surcan los vientos
del trópico hacia el sur.
Ríos voladores les llaman.
Sin ellos la naturaleza se vendría abajo,
se volvería mar.

TAPIZ DE LA TARDE

¿Por qué no se rompen los pájaros
estallan en vuelo caen
todos juntos a tierra
y se hacen raíz
almendra lagarto
o se quiebran
en mitades una de sal
otra de arena se vuelven
cáscara
huevo
cotiledón
cantan
detenidos
en su metal transparente
inhumados
lo mismo que trufas
mientras compongo un poema
sobre sus bellos
cadáveres?

Dioses y hombres que llevan penachos de colas equinas todos la noche entera durmieron, mas Zeus las dulzuras no gozó de su sueño: en su mente pensó cómo a Aquiles honrar, y exterminar junto a sus naos a muchos aqueos. Y por último le pareció mucho más conveniente mandar a Agamenón el Atrida un Sueño Engañoso...

HOMERO. *Ilíada*

¿Por qué no moverse como luz, reflejada, por la nieve?

CARL PHILLIPS

Morir, eso no se le hace a un gato.

WISLAWA SZYMBORSKA

Esta sección no tiene título

Hipótesis sobre los agujeros

Desconfía de los muros que no contengan un agujero. Son la parte más auténtica, la piel bajo la piel.

Un agujero habla de sí y se explica con figuras: la mancha de vino en la mesa. Posos de café. Es la piedra que deja ondas concéntricas en un charco. La mano que lanza la piedra.

En cada agujero un objeto es contenido por otro. Puede tener forma de eco o de paloma. De ser verbo, será copulativo, y quedará unido a algo. A la construcción de una casa. A la idea que del amor se tiene. Al mismo amor cuando se va.

Los muros sin agujero son solitarios. Tienen la cara llena de muertos y crecen en habitaciones tristes. Sienten vergüenza y quieren retroceder. Al lienzo, al pincel, al pigmento. De ser verbo, serán transitivos. Van de la luz a la oscuridad.

En un agujero el viento sopla y todo es canto. En él todos los cantos son viento. Silencia la música y la prolonga en el hueco que deja el pájaro en el aire en el momento de volar.

LA ESTRATEGIA DE PENÉLOPE

Tejer y destejer hasta que la rueca quede sin lana.
Sustituir el hilo por el barro.
Nombrar objetos. Creer que la palabra los crea.
Decir vaso, cuchillo, fuego.
Esperar.
El vino se derrama en la mesa.
Del pan no se cortan rodajas.
El lienzo jamás se tejió.

CÓMO LOGRAR QUE NO SE QUEME UNA TOSTADA

¿Cómo puedes explicar qué pasa con la nieve?
Habituada a la metamorfosis lo cambia todo.
Habituada a la indolencia pronto se cansa y se va.
Un gran acontecimiento.

Pero, ¿cómo explicar qué son los grandes acontecimientos?
¿De cuáles de ellos se corta una buena rebanada de pan?

Prepara un fuego con estas preguntas,
ponlas en una sartén.
Y estate atento. Las llamas crepitan
como si alguien tocara una sonata al piano,
se avivan con el viento que regresa
a las aspas del molino y las hace rotar.
¿Cómo explicar lo que pasa con el viento?

Mejor dejar las preguntas.
Conoces ese olor a quemado,
impregna los recuerdos, persiste.
Es el mismo error de siempre,
porque bien sabes
que no conviene escribir poemas
cuando se hace una tostada.

GEOGRAFÍA

Mi amor,
déjame contarte qué es un mapa, qué líneas
son las fronteras,
que esas cifras, 1:20.000, 1:1.000.000,
dan lo pequeños que somos,
qué cositas apenas de bolsillo,
ríos minúsculos que no llegan al mar.

Mi amor,
este domingo se alinearán con la luna
dos asteroides, cinco planetas.
¿Y si luego las cosas ocurren al revés?
Antes las hojas que el árbol, el charco que la lluvia,
las margaritas brotan de los pétalos caídos
cuando se pregunta por el amor.

Insolación

Te harán falta las cuatro extremidades
cuando llegue el verano aprender
a agachar la cabeza y ponerla bajo
el torso hacerte sombra con las páginas
de un libro donde alguien escribe
sobre la hipótesis de que se extinga el sol

Verano de 2024

¡Maldición!, exclamaste
ante el gorrión muerto en la acera.
Un golpe de calor en la calima de junio,
no echen la culpa a los gatos callejeros,
bastante tienen con buscar cobijo
en este tiempo inclemente,
un cubil con humedad y donde el aire corra.

En estas circunstancias hasta las palabras
se asfixian y se habitúan a la noche
exiliadas en el interior de las bocas
como gatos en gateras.
Bajo este bochorno ni la tinta fluye
por la página, se agosta antes de escribir
la primera sílaba de cada oración.

Oh, danos la brisa y la lluvia,
la alegría del hielo y del relámpago,
la consumación del frío y la tormenta.

Así, cómo componer la elegía para los gorriones
muertos en las aceras, los trenos de su plumaje
o un peán para que dioses alados los tengan en su gloria.

En esta ardentía tendremos que refutar a Platón
cuando escribe que «de noche, especialmente,
es hermoso creer en la luz» y volver a la gruta
conscientes de que la melancolía no es el remedio,
sino la oscuridad.

En el pizzicato de los violines de Vivaldi
hallamos una predicción: ese tempo
lento, pesaroso, en el que todo duele
y en el que los gorriones caen como notas
silenciadas en la calle.

El poema solo puede hacerse de fragmentos.
Falta el agua y la aridez desdeña las metáforas.

Podrías escribir sobre la bondad de la sombra
pero es tan intensa la luz que nada es visible.
Días de cielos sucios embarrados de polvo.
Días en que no es posible el milagro
ni modo alguno de redención.
Días que transcurren con una apenas
alteración del silencio y el deseo de meter
el pie en el charco, mirar atrás y, como lady Lot,
hacerte sal en espera del invierno.

BOSQUES

Disculpe, señor Mansilla, pero en su CV no consta
que haya plantado ningún árbol.
Ha tenido hijos, cierto.
También ha escrito libros.
Pero eso poco cuenta, cosas devaluadas.
Las puede hacer cualquiera.
Pero un árbol, eh, un árbol es otra cosa.
En un árbol puede hacerse una casa.
Con un árbol (note cómo una preposición
muda el sentido) puede hacerse una casa.
A su sombra se conciben hijos más hermosos.
Su tronco dará el papel para los mejores libros.
Un árbol, ¿lo advierte?, es un todo.
¿Las semillas no cuentan? Pregunté.
Las de almendros, olivos, encinas.
Si la tierra las rechazó, ¿cuál es mi culpa?
La tierra no planta árboles, respondió,
los árboles son ajenos a la tierra.

LO QUE ES Y NO ES POESÍA

La pluma en el suelo. El modo en que el ave
marca las páginas por las que pasa.
O la manera que tienen de caer las manzanas.
Esas pequeñas cosas.
Mensajes en la puerta de un urinario,
la escala del termómetro,
un pie sobre un nombre en la arena.
Un poco de fiebre. La punta del lápiz.
Una geografía de lo mínimo.
Gritos en el patio de un colegio.
O en las palabras de esta oración.
Oh, dioses, tened piedad.
De los cardos y las lindes.
De esos días en Túnez.
Del color de este día.
Piedad de las aves y las plumas
caídas al suelo.
Del sueño del vuelo que ya no será.

AUTO DE FE

El poema nunca se hace verdad.
Puede nombrar todas las flores, pero ninguna huele.
Nadie lo habita, no es una casa.
Las manos en él son incapaces de tirar una piedra.
Es estéril, no crea un mundo.
En él nada resucita. Todo es placebo.
Sé que me odiarán los poetas por decirlo.
Sobre todo quienes creen que al escribir magia
se hace el milagro,
quienes para atrapar lo inefable
necesitan palabras y más palabras.
Pobres demiurgos.
Que me refutarán engolados de elipsis y metáforas.
Entonces, preguntó ella, ¿miente el poema
cuando habla de amor?
¿Cómo puedo hablarte yo desde el poema?
Me alegra que te guste, dijo él,
tal vez sea el último que te muestre.

CÓMO VESTIR PARA ESCRIBIR POEMAS

Baja temprano a la cocina, hace café y escribe
poemas desnudo.
Quiere sentir el frío ascender por sus piernas,
que en su vientre haya un cosquilleo
cercano a la inspiración.
Toma el café y fuma.
Las madejas de humo se hilan en el techo.
Imagina nubes y dibuja formas.
Un ornitorrinco, la proa de un velero, acantilados.
En el frutero, enrojecida, qué pequeña la luna.
Las naranjas le hacen desear el invierno.
Escribir desnudo, piensa, es volver a ese invierno.
Cuando no escribía poemas,
cuando eran reales las nubes.

Cuando todo era la pulpa y el jugo, un lento mordisco
y el bienestar.

Leyendo a Paul Celan

La piedra, el río, el aire.
Tres ecos de una misma lengua.
La piedra habla de una casa en el sur.
El río de hogueras al atardecer.
El aire de volutas de humo.

El río, el aire y la piedra.
Tres bancos al final del camino.
Uno sin asiento, otro sin respaldo.
El tercero sin palabras
en las que apoyarse y descansar.

El aire, la piedra, el río.
Tres bordes para un solo cantil.
Los platos en la mesa,
la mesa sin comensal,
el pan en el suelo.

Alguien llega de afuera,
embala sus libros en una caja.
Carga la caja en un camión.
Deja la caja en un cuarto.
Y se va.

TEOREMA DEL ÁNGEL

¿Tú tienes alas?
No, no tengo alas.
Repite esta frase.
Te dará un lugar
en la tierra.

¿Y sabes labrar?
Sí, sé labrar.
Siembra
una pluma.
Crecerán alas.

¿Puedes volar?
Sí, puedo volar.
Pliega las alas.
Haz tu nido
en la tierra.

HUEVOS DE GALLINA

A todos nos tendrían que enseñar a buscar huevos de gallina.
Abrir la puerta del corral como quien entra en la iglesia,
se detiene en el centro y reza sus plegarias.
Las aves, unas entre la leña, otras en un rincón.
Todas con un motivo: ser el vientre y la cáscara,
ser el viento, la hoja, volar y ser la rama.
Recuerda los consejos de la abuela y toma cada huevo
en las manos como un modo de orar.
Unos estarán ocultos.
Serán los primeros que encuentres.
Otros quedan al aire.
Estos son los menos visibles.

Manual para sacar un conejo de una chistera

Lo primero, preparar el escenario. Es sabido que todo fenómeno sobreviene según leyes causales y los recursos dispuestos condicionarán lo que suceda.

Elegir la impedimenta más acorde a la tramoya. La magia es caprichosa y no siempre acude a las llamadas. Extender el frac sobre la colcha. Colgar el frac en el armario. Un bañador también podría ser conveniente si el conejo tiene sed y pide agua.

Abrir la nevera, sacar un naipe o una zanahoria. Preparar un café, esto es muy importante, y mirar la calle imaginando un campo de trébol para deshojar la suerte.

Partir la zanahoria y una patata. Sofreír a fuego lento, verter caldo, dejar cocer, triturar. Preferible ser herrero y usar cuchara de palo. Todo ello podría ser una metáfora o un simple puré para la cena.

Tiempo de ensayo. El gesto, las muecas, las inflexiones de la voz. Las posturas, sobre todo las posturas, el movimiento de las manos. Un giro brusco puede romper el hechizo. No se aconseja cerrar el puño, el público podría alarmarse, salir en estampida y aplastar al conejo.

Tumbarse en el sillón. No hacer nada.

El fundamento de la magia consiste en dejar que la magia suceda.

De no ocurrir, todo lo anterior habrá sido una forma más de ocupar la tarde.

Momento de salir afuera,
dejar la chistera en el perchero, encender un pitillo, pasear por el parque. Pasar unas horas bajo el sol, el viento o la cellisca.

Regresar a casa. Ponerse la chistera. Servir el puré.

En el sofá aguarda la sombra chinesca del conejo.

Notas

1 El fotógrafo norteamericano Joe O'Donell, respecto a una instantánea que tomó a un niño japonés, relata:

Vi pasar a un niño de unos 10 años. Llevaba un bebé a la espalda.... Pude ver que había venido a este lugar por una razón seria. No llevaba zapatos. Su rostro era duro.... El niño se quedó allí cinco o 10 minutos. Los hombres con máscaras blancas se acercaron a él y en silencio comenzaron a quitarle la cuerda que sujetaba al bebé. Fue entonces cuando vi que el bebé ya estaba muerto. Los hombres sujetaron el cuerpo por las manos y los pies y lo colocaron sobre el fuego. El chico se quedó allí erguido, sin moverse, mirando las llamas. Se mordía el labio inferior con tanta fuerza que brillaba con sangre. La llama ardió como el sol poniéndose. El niño se dio la vuelta y se alejó en silencio.

2 El nombre de *Luna de gusano* o *Luna de lombriz* procede de los nativos americanos que ponían a los plenilunios nombres que sirvieran para describir eventos del momento. La *Luna de gusano* hace referencia a la aparición en la superficie de las primeras lombrices tras el deshielo. Este plenilunio de marzo señala, por tanto, el fin del invierno.

3 Apocalipsis, 1:19

4 Isaac Newton. La frase completa es:

La naturaleza se complace con la simplicidad, la naturaleza no es ninguna tonta.

ÍNDICE

LOS HUÉSPEDES DE LA CHISTERA 5

Tono, vestimenta, calzado 13

La casa de los rostros del ayer
Vencejos 17
Después de leer sobre la Vía Láctea 21
Otoño 22
Lluvia de invierno 23
Casas 24
Maletas 25
Arquitectura para novicios 26
10 de enero 27
Año chino 28
Autorretrato 29
Collage 30
Formas de tejer los recuerdos 31
Espliego 32
Pan, huevos, cebolletas 33
Genealogía 34
Grullas 35
Semejanzas 36
Días como estos 37

Música recercada
Lo real 41
Sobrevolando los Alpes 42
Cabo de Gata 44
Job 46
El extraño 47
Para qué sirve el frío 48

Baile de máscaras 49
Teoría de la grieta 50
Luna de gusano 52
Calima 53
Ángeles 54
Doméstico 55
Véspero 56
Lectura de Hamlet 57
Patchwork 58
Última clase de historia 59
¿De qué conversan dos fotografías? 60
Resolución 61
Nochevieja en el Nilo 62
Ninguna persona mayor ama el álgebra 63
Poética y cía. 64
Cuaderno de arte 66
Cómo ser y cómo no ser manzana 68
Marrakech 69
Ferrocarril de poniente 70
Mejor no mojar galletas 71
Monólogo del funambulista 72
Round midnight 73
Ante el extraño caso de los ríos voladores 74
Tapiz de la tarde 75

Esta sección no tiene título
Hipótesis sobre los agujeros 79
La estrategia de Penélope 80
Cómo lograr que no se queme una tostada 81
Geografía 82
Insolación 83
Verano de 2024 84
Bosques 86
Lo que es y no es poesía 87

Auto de fe 88
Cómo vestir para escribir poemas 89
Leyendo a Paul Celan 90
Teorema del ángel 91
Huevos de gallina 92
Manual para sacar un conejo de una chistera 93

NOTAS 95

Esta edición quedó dispuesta para la tinta
en enero de 2025,
por los campos, la esotérica sombra de Mitra